Álter Ego

ediciones

JUAN CARLOS CASIMIRO

GUÍA DEFINITIVA

7 CLAVES

PARA

VIVIR DE LA MÚSICA

© Autor del texto: Juan Carlos Casimiro.

© Cubierta y diseño: **CLAIMedia.es**

© Fotos interior de los fotógrafos : Tookapic, Thibault Trillet, Unsplash.

© Foto autor: Xurde Margaride.

© **Álter Ego ediciones**

Cantabria | www.alteregoediciones.es

© Un sello de **Popum Books**

Editor literario: Javier Granda.

Primera edición: Junio de 2017

ISBN: 978-84-697-3363-9

Depósito legal: SA 461-2017

Impreso en España.

*"A mis padres, por lo que me dieron. A mi mujer y
mis hijos por lo que aprendí con ellos".*

*"Haz lo necesario para lograr tu más
ardiente deseo, y acabarás lográndolo."*
–Ludwig van Beethoven

Preludio

A lo largo de 25 años de arreglista, compositor, profesor y Jefe de departamento Composición en el Conservatorio de Gijón trabajé con alumnos y músicos profesionales de todo tipo. También pude observar de cerca las claves de aquellos que llegaron a ser verdaderamente exitosos. En muchas ocasiones he ayudado a mis alumnos a orientar su carrera con los principios que yo considero que son los **7 secretos mejor guardados para vivir de la música.** Yo los puse en práctica, antes de ser consciente de ellos y de ordenarlos en la forma en la que se presentan en este libro. Lo cierto es que, gracias a mi mentor Ángel Teruel, persona muy especial que cambió mi vida, pude pasar de ser un técnico electrónico en una empresa de tecnología a componer una ópera, hacer arreglos para grupos de Pop/ Rock o anuncios para televisión. Antes de sus sabios consejos lo de vivir de la música me parecía una quimera, hoy 5 lustros después, tengo muchos alumnos que también viven de la música. Los conocimientos que aquí voy a sintetizar para ti son el resultado de más de 30 años de experiencia personal. Son el resultado de muchos consejos de grandes profesores, análisis de los mejores artistas y sus secretos, de éxitos y fracasos propios que me han ayudado a resumir estos 7 secretos que te permitirán ir por la vía rápida para forjar tu propio éxito. Para celebrar mis 25 años de compositor me gustaría ayudarte a ti también a cumplir tu sueño: vivir de la música.

1

TÚ PUEDES

Sólo necesitas objetivos claros y por escrito

Cuanto antes aprendas este concepto, antes podrás sacar el mayor beneficio de la Música. Muchos estudiantes del Conservatorio de entre 14 y 20 años vienen a clase desmoralizados, porque ven cómo sus amigos tienen más éxito con la música que ellos. Se desasosiegan porque tienen que dedicar muchísimas horas a un sinfín de asignaturas, mientras que sus amigos, que aprenden de oído, y forman sus grupos de Pop o de Rock, encuentran más satisfacción social, más éxito con menos esfuerzo.

1.1 El secreto.

Tienes que enfocar tu estudio, tú tienes que dirigirlo hacia tu meta. Lo primero es decidir qué quieres ser tú, a qué te vas a dedicar en la música. Los pasos para ser un líder de un grupo de Rock son diferentes de los de un director de orquesta. Hablaremos de ello más adelante; pero ahora tienes que centrarte en qué quieres ser.

Tómate un tiempo en reflexionar para qué estás estudiando música y lo que quieres conseguir con ella. Piensa en lo que te gustaría estar haciendo dentro de unos años. ¿Ser un DJ famoso? ¿un concertista prestigioso de piano?

Consulta con tu almohada. Ignora las ideas prácticas de los demás. Ellos no van a vivir por ti. Salvo que tengas alguna limitación real, podrás hacer lo que te propongas; pero has de proponértelo en serio. No vale con decir hoy quiero tocar el piano, y mañana, mejor seré guitarrista. Siente lo que quieres ser y entonces decídete a luchar por ello hasta el final. Así de simple.

> **Nota personal.**
> Yo siempre supe que no iba a ser un gran instrumentista, la composición era lo que más me gustaba, sentía verdadera pasión por ella. Abandoné la idea de ser concertista de guitarra y entonces me enfoqué a la composición y la docencia.

1.2 Tu principal enemigo: Las excusas.

No las aceptes. Son muchas las que te pueden surgir:

1. Por ti mismo:
   A. "Me falta tiempo…"
   B. "Yo no puedo hacer esto…"
   C. "No tengo a nadie que me guíe…"
2. Por los demás:
   A. "¡Pero tú que vas a ser pianista!"
   B. "De eso no se puede vivir"
   C. "Esto no es para ti"

Te contaré una historia: Un joven italiano de 19 años se presentó en junio de 1832, para ser admitido al Conservatorio de Música de Milán. Toda su ilusión era estudiar piano en uno de los mejores Conservatorios de Italia. Sin embargo, su solicitud fue rechazada. La edad máxima era de 14 años y los profesores consideraron que no tenía una técnica pianística con demasiados recursos. Ello no le desanimó, siguió estudiando por su cuenta... Aquel joven se llamaba Giuseppe Verdi, uno de los más grandes compositores de ópera de todos los tiempos, y hoy el Conservatorio que le rechazó lleva su nombre.

1.3 Tu mejor amigo: Tú mismo.

Hay muchas cosas que merman nuestra confianza. No tenemos espacio en este libro para tratar este tema en profundidad; pero tu éxito no depende de nadie más que de ti. Puedes acertar o equivocarte. Se piensa que el error es el enemigo del éxito. No es así. El enemigo del éxito es no hacer nada. Te gusta la música, da los pasos para trabajar en ella.

El problema es que nos guiamos a menudo por la opinión de los demás, a la hora de decidir qué vamos a hacer en nuestra vida, y no nos trazamos el camino correcto. Si quieres ser abogado, te formas para ser abogado y la sociedad sabe qué significa esto. El tema de la música, sin embargo, resulta muy desconocido socialmente y esto no te ayuda. La mayoría de las personas que nos conoce no sabe del negocio de la música. No te puede ayudar. Imagina que estás en un pueblo extraño buscando una dirección para una cita de trabajo. ¿Pedirías ayuda a un amigo que va contigo que tampoco conoce ese pueblo? No, preguntarías a alguien del pueblo que conozca la calle. Así es. Para ser músico entonces es mejor conocer las posibilidades a partir de personas que conocen el oficio.

Quieres ser músico. Rodéate de personas que puedan hablarte de la música como profesión. Escucha música de todos los estilos. Asiste a conciertos y fíjate cómo los hacen las grandes personalidades. Asiste a cursos dados por grandes artistas. Visita estudios de grabación, atrévete a preguntar a concertistas o grupos de pop/rock conocidos cómo hicieron ellos. Ve, escucha o lee entrevistas de famosos que cuentan su experiencia. Encuentra la persona que mejor refleja lo que tú quieres ser y aprende de ella tanto en las cuestiones técnicas como en su forma de hacer. Adapta todo lo que aprendas a tu personalidad y verás cómo te sorprendes convirtiéndote en quien quieres ser. Tu intuición también te guía. ¡Confía en ella!

1.4 Escríbelo.

Cuando escribimos un objetivo, un deseo, pasa del espacio de las especulaciones mentales a la realidad tangible. Escribirlo nos ayuda a definirlo con claridad. De ese modo el objetivo se refuerza. Se hace presente y se afirma cada vez más al volver a leerlo.

Comprométete contigo mismo. Escribe lo que quieres ser y repítelo a diario como un mantra. Tu cerebro te ayudará a encontrar caminos hacia tus metas. Sólo puedes hacer aquello en lo que tú crees.

ANOTACIONES
TUS OBJETIVOS...

SOLO TÚ SABES
lo que quieres **SER**
y lo que necesitas
PARA SERLO

FÓRMATE PARA TU ÉXITO

Sólo tú sabes lo que quieres ser y lo que necesitas para serlo

En el anterior capítulo vimos cómo es esencial definir tu objetivo. Ahora que ya sabes exactamente lo que quieres hacer dentro de la música, viene la parte formativa. Cómo la enfoques es esencial para que tengas o no éxito en tu carrera.

2.1 Aprende como si ya fueras...

Imagina que estudias violín en el conservatorio. Sales a la calle con tu violín al hombro para ir a clase como todos los días. De pronto te encuentras con Steven Spielberg que te mira con curiosidad y te dice: "hola, tú tocas el violín ¿no?, estaba buscando alguien como tú para mi próxima película. Tendrías que tocar una pieza espectacular en una secuencia como protagonista. ¿Te interesa?" ¿Qué harías? ¿Qué contestarías? Sería la oportunidad de tu vida. Probablemente dirías que sí y te marcharías a estudiarte la fantástica pieza hasta sabértela como si fueras el mejor violinista del mundo. Esa es la actitud. Sin embargo esto contrasta con la realidad de los que estudian para aprobar. Estudiar para aprobar sólo vale para eso, sacar una calificación. Cuando estudiamos para aprobar, como mucho, aprobamos. No obstante, el público quiere alguien que sea un líder en el escenario, alguien que emocione, que impacte, que demuestre por qué está ahí. No le pide su calificación, no le pide sus notas. No puedes salir a tocar el piano o cualquier instrumento que toques, inseguro, fallando notas esperando que el público te apruebe el examen Un ejemplo que podríamos tomar es Michael Jackson. Este Rey del Pop no sólo era cantante, creó un estilo nuevo, diferente, impresionó a Quincy Jones, uno de los mejores productores musicales de todos los tiempos. ¿Por qué? Desde pequeño no estudió para aprobar. Su padre le exigía mucho, llegaba a ser cruel en sus exigencias. Estudiaba canto, música, baile, todo lo que necesitaba para sorprender, para ser diferente. Y creó un estilo único, desarrolló sus talentos al máximo.

Cuando te ves a ti mismo donde quieres estar, lo que quieres ser, vienen a tu mente las habilidades que necesitas para sacar el máximo partido de tus posibilidades artísticas o profesionales. Es entonces cuando cobra sentido tu estudio, tu esfuerzo, incluso tu propia visión del mundo. Supongamos que quieres ser director de orquesta. Te ves delante de unos grandes músicos organizando su interpretación. Parece lógico que conozcas los instrumentos, sus registros, su técnica. Si te apasiona dirigir, no te costará aprender todo lo relativo a la orquestación, estarás deseando descubrir cómo empasta una trompeta con el trombón, la técnica para hacer que suenen mejor los trémolos en las cuerdas. Este estudio te resultará tedioso si lo que realmente te interesa es ser un buen guitarrista flamenco. Por eso, si sabes lo que quieres, estudiarás mejor y perderás menos tiempo en tu aprendizaje. Es fundamental que no malgastes tu tiempo. Recuerda los siete Estándares Intelectuales Universales que deben aplicarse al pensamiento cada vez que se quiera afrontar un problema, un tema o una situación: Claridad, exactitud, precisión, pertinencia, profundidad, amplitud y lógica. Probablemente no sabes que naciste para triunfar. Te ha sido dado un tiempo y unas cualidades únicas. Sólo tú conoces tus sueños, aquello que te gustaría ser. Cada minuto es para que lo aproveches. Tu triunfo depende de ello. De nadie más.

Sólo hay dos opciones: puedes ser espectador o puedes ser el protagonista de tu propia historia.

2.2 El tiempo que no tienes.

"Todos somos unos aficionados. La vida es tan corta que no da para más" –Charles Chaplin.

Si quieres ponerte excusas para evitar tu éxito, te daré la más usada: **es que no tengo tiempo…**

Como profesor estoy muy habituado a escucharla. En realidad, habría que decir: es que no tengo interés. El tiempo no lo podemos cambiar (al menos con los conocimientos de la física actual). La buena noticia es que el interés, sí.

Este libro está destinado a quien tiene interés. Quien no lo tiene será esclavo de su desinterés y poco podemos hacer con esa actitud. Como suelo hacer con algunos de mis alumnos, trataré de cambiarte la visión de tu tiempo para expandirlo y que puedas aprovecharlo mejor.

Las personas de éxito saben del valor del tiempo y de

la eficacia del interés. **El secreto** está en cómo hacer que la suma de los dos haga más efectivo cada día, cada hora, cada minuto. Lo esencial es **no perder el tiempo**.

La mayoría de las personas vamos heredando diversas formas de perder el tiempo sin plantearnos realmente cómo podríamos aprovechar mejor nuestros recursos.

Francesco Cirillo a finales de los años 1980 desarrolló la técnica pomodoro, para optimizar la gestión del tiempo y obtener un mayor rendimiento, basándose en estudios sobre la mente humana.

Existen multitud de aplicaciones para móvil, Ipad y ordenadores basadas en dicha técnica que puedes consultar y aprovechar perfectamente en google o en cualquier buscador de Internet.

Lo que traigo hoy para ti no es un método tan sofisticado, sino cambiar tu perspectiva y la forma de hacer las cosas, para sacarle más partido a tu tiempo, con unas sencillas estrategias.

1ª estrategia: No se aprende más estudiando más tiempo, sino estudiando mejor.

Ejemplo 1: as a clase de "A" de 5 a 6 de la tarde, tomas los apuntes (quizás sin interés) y esperas a estudiar otro día todo lo que apuntaste. Probablemente, cuando vas a estudiar, ha pasado más de una semana. Esto significa que perdiste una hora completa (porque casi no recuerdas nada ya) más la hora que tienes que estudiar, además del tiempo que necesitarás para aclarar los apuntes de la clase "A". Resultado: **dos horas perdidas.**

Ejemplo 2: Estudias una pieza de música sin analizarla. Empiezas por el principio a tocar los 24 compases. Como no la analizaste antes no te fijaste que los 8 últimos son como los 8 primeros, o muy parecidos. El resultado es que podrías haber ahorrado 1/3 del tiempo… Pero **no lo hiciste**. ¡Lo perdiste!

Ejemplo 3: Sigues estudiando la pieza anterior. Comienzas tocando por el principio, al llegar al 7º compás te paras, porque el pasaje de ese compás no te sale bien debido a alguna dificultad técnica. Los malos alumnos vuelven al principio, los 6 compases primeros salen de maravilla, pero el 7º vuelve a salir mal. ¿Qué esperaban? Si cada compás tardas 4 segundos en tocarlo, al tocar los 6 primeros por segunda vez se gastan 24 segundos… ¡para nada! Si lo que no interpretas bien es el compás 7, podrías haber ensayado ese compás durante los 24 segundos hasta que te salga bien. Así te ahorras la frustración de estar mejorando los 6 primeros cada vez que empiezas y no saber nunca el 7º. Ahorro de tiempo considerable si lo multiplicas por todo el material que tienes que estudiar.

2ª estrategia: ¡Sé imaginativo! Los grandes sacan el tiempo de donde no lo hay.

Ejemplo personal: Cuando estudiaba lenguaje musical y guitarra en el conservatorio de Madrid (con 25 años), tenía que trabajar de 7 de la mañana a 15 horas en Aranjuez. Después tenía que tomar un tren, que me llevaba a Madrid, a 49 Km, para tomar mis clases de música, volvía muy tarde a casa y me quedaban muy pocas horas para dormir. Muchas veces estudiaba la guitarra, y otras materias, ¡en el tren!

Sí, era un poco raro, la verdad; pero funcionaba.

Si eso te pareció extraño, lo que hice con el lenguaje musical no lo va a ser menos. Es lo que yo llamo un **codazo al tiempo** …

Consistía en poner mis libros de Lenguaje Musical (entonces era Solfeo) encima de la almohada. **Así todas las noches**, leía hasta quedarme dormido; pero lo importante era que leía todos los días, daba igual que fueran 10, 5 ó 3 minutos.

Si quieres ser un buen intérprete o artista asegúrate de practicar **todos los días.** Más vale repartir nuestro estudio, o trabajo, a lo largo de toda la semana, que darse un atracón de muchas horas un solo día. El estar en contacto todos los días te ayuda a automatizar tu profesión, tu vocación.

2.3 Organízate para tener éxito.

Sea como sea, tu éxito no depende de la suerte. Has de estar preparado. Tienes que construirlo. De esto hablaremos más adelante. Ahora tienes que organizarte, como haría un ejército, para la batalla. Ya hemos hablado antes de sacar tiempo de donde no lo hay. Ahora te contaré que el tiempo has de transformarlo en herramientas para ti, para desarrollarte como persona, como artista, como persona de talento. Es difícil tener éxito sin un plan. Es difícil vivir de la música sin estar preparado para ello. He aquí algunas herramientas que te formarán:

A. Aprende de los grandes. Infórmate de todo aquello que hicieron aquellos que son lo que tú quieres ser. Mira cómo superaron sus dificultades. Copia sus actitudes ante sus resu tados. Si admiras a un guitarrista, ve cómo estudiaba, qué planes y proyectos hacía para triunfar, cómo asumía los fracasos…

B. Lee, si puedes, una hora acerca de tu área todos los días. Si quieres ser Rockero toma revistas especializadas, programas de televisión, entrevistas en radio a grandes del Rock.

C. Piensa qué materias de las que estudias ahora encajan para tus propósitos y adáptalas a tu plan. No te conformes con lo que te den tus profesores o mentores, sácales cada día algo más de información de la que te dan de forma ordinaria.

D. Pregunta o entrevístate con personas que consideres de éxito en tu materia.

E. No dejes pasar un día sin tener estas cosas presentes. Vive cada momento haciendo, actuando como si ya fueras lo que quieres ser. Si lo haces así en cada momento de tu vida, sin darte cuenta, estarás cumpliendo tus sueños… Sólo tienes que dar los pasos correctos; pero piensa que todos los caminos empiezan por el primero. Comienza ya a armarte para la batalla. No tiene sentido querer ser violinista y no tocar el violín todos los días, aunque sea sólo media hora. Recuerda que es más útil la práctica espaciada y constante que la masiva.

2.4 Programa tu mente para el triunfo.

Lo que tú crees determina todo lo que te pasa. El hombre se convierte a menudo en lo que piensa de sí mismo. Si yo sigo diciéndome a mí mismo que no puedo hacer algo, es posible que termine siendo incapaz de ello. Al contrario, si tengo la creencia de que puedo hacerlo, seguramente adquiera la capacidad de hacerlo, incluso si no puedo al principio. (Mahatma Gandhi).

Por ello, si no tienes claridad de ideas, necesitas nueva información que cambie tu propio concepto. No te preocupes, es normal. Todos estamos en estado de crecimiento y de cambio. Para evolucionar y crecer tienes que tener metas claras y ser fiel a ellas la mayoría del tiempo. Debes distinguir fantasías de ideas reales y posibles. Reflexiona, consulta con tu almohada, y con gente positiva de confianza tus ideas para distinguir lo real de la fantasía ilusoria.

A. Los dos obstáculos para lograr tus sueños:

1. La parálisis. Es decir, no hacer nada para cambiar. Despreciar a quienes están en continua búsqueda.

2. Psicoesclerosis. Adoptar una actitud rígida ante las cosas. Esto te lleva, según la psicología moderna, a quedar atrapado en la zona de confort.

B. Tienes dos grandes poderes para contrarrestar estos obstáculos que controlan todo lo que pasa contigo y que te ayudarán en tu camino:

1. El poder del amor y la emoción. Si reflexionas observarás que casi todo lo que haces es para obtener amor o para compensar su falta.

2. El poder de la autosugestión. Los grandes líderes a lo largo de la historia entrenaron su cerebro para lograr sus objetivos. Veamos cómo puedes tú aplicarlo en tu propio beneficio.

2.4.1 Control de las emociones.

El 95% de todo lo que hacemos lo hacemos por hábito. Sin una decisión firme por tu parte, para decidirte a cambiar algo en tu vida, que te haga una persona exitosa, **la ley de la inercia** hará que sigas tu tendencia natural: seguir por el mismo camino indefinidamente. Ello no te llevará a ningún sitio.

Si estás leyendo este libro, es porque quieres cambiar,

porque quieres conocer el camino que otros recorrieron para alcanzar su éxito. Entonces deberás conocer y manejar tus emociones.

Todo lo que tú haces se apoya en tus emociones. La emoción más fuerte dominará a la más débil y determinará tus decisiones. Las dos emociones más fuertes dentro de ti son el miedo y el deseo.

No tengo espacio en esta guía para tratar más en profundidad el tema de cómo se genera el miedo en las personas. Te daré unas claves rápidas para superar tus miedos irracionales. Si no superas estos miedos, serás una persona incapaz de gobernar tu propia vida.

La culpabilidad, fuente de nuestros miedos, suele ser causada por dos razones: el sentimiento de castigo y el control desde la infancia. Para liberarnos del miedo tenemos que dar dos pasos:

1. Reconocer nuestras manifestaciones de culpabilidad.

Si nuestras emociones nos producen sentimiento de inferioridad ante los demás, insuficiencia, recibimos o proferimos críticas auto destructivas. Sentimos que somos fácilmente manipulados por la culpabilidad, o utilizamos un lenguaje de víctima, entonces necesitamos "limpiar" nuestro ánimo, para tomar decisiones más acordes a personas equilibradas emocionalmente. Aplicaremos el paso 2.

2. Liberación de la culpabilidad.

Los siguientes pasos serán muy útiles para liberarnos de un sentimiento tan dañino como es la culpabilidad.

A. Eliminar la crítica destructiva. Cuando nos

centramos en la objetividad nuestra mente se limpia de sentimientos negativos. Por ejemplo, en vez de criticar gratuitamente a algún artista o profesional, movidos porque nosotros no obtenemos lo que ellos, analicemos lo que causa su éxito, podremos aplicarlo en nuestro beneficio.

B. No admitas tus sentimientos de culpa, ni culpes a otros, para justificar algo. Todos tenemos derecho a equivocarnos y rectificar.

C. Usa la ley del perdón. Perdona y te sentirás mejor, para actuar en el futuro, a:

I. Tus padres.

II. Los demás.

III. Tú mismo. Si has hecho algo malo a alguna persona discúlpate con ella.

D. Adopta una mentalidad saludable de pasar las cosas que te han hecho a ti o que tú has hecho. No vivas anclado en el pasado. Es tu nueva vida, llena de proyectos ilusionantes, la que vas a sacar adelante.

2.4.2 El poder que hay en ti.

Una vez despojado de tus sentimientos negativos, trabajaremos tu capacidad de afirmación para obtener el máximo de potencial en tu carrera. Las cuatro cualidades, que necesitas, para crear grandes cambios en tu personalidad y carácter, que vamos a trabajar, son:

1. Deseo. El primer paso para desarrollar todo tu potencial es que tú lo desees con todas tus fuerzas. No será fácil sin este requisito previo, porque te vendrán a la mente muchas excusas para apartarte de tu camino y llevarte a tu zona de confort, a no hacer nada.

2. Decisión. Ya que tú quieres, necesitas voluntad para hacer lo necesario para alcanzar tus metas. Se trata de aprender, no de no equivocarse. Tienes que asumir que tendrás que revisar constantemente tus pasos.

3. Determinación. Has tomado tu decisión. Ahora tienes que seguir tus planes con valor, incluso, conociendo que puedes tener críticas negativas.

"No fueron mil intentos fallidos, fue un invento de mil pasos" Estas fueron las palabras de Edison cuando dio a conocer al mundo el proceso por el cual había conseguido crear la bombilla incandescente de alta resistencia.

4. Disciplina. El secreto maestro de las personas de éxito. Asume que el fracaso forma parte del éxito. Si abandonas, entonces sí habrás fracasado. Considera esencial la ley de la práctica. Cualquier cosa que hagas una y otra vez, y lo hagas lo suficiente, se convierte en un hábito, y este necesita ser establecido en 21 días seguidos. A continuación, con actitud mental positiva, conviértete en una persona disciplinada. Si alcanzas un éxito, aunque sea pequeño, te creará un estado emocional positivo. Utilízalo para apoyarte en él y crea en tu mente una realidad objetiva positiva.

Con estos cuatro pasos irás construyendo tu imagen ideal propia. Además te beneficiarás del círculo virtuoso que supone la interacción de las cuatro cualidades. Con una mayor determinación tu deseo se acrecienta, te afirma en tu decisión y te será mucho más fácil ser disciplinado. Apoya esta imagen sumando las cualidades de todas las personas que has admirado en tu vida. Ellos son un magnífico modelo interior y tú tienes una tendencia inconsciente a parecerte a ellos. Todos estos elementos irán mejorando tu imagen propia y creciendo tu autoestima. Así conseguirás afianzarte en tu proceso de autoafirmación. Puedes reforzar los estados de tu concepto propio en 4 pasos:

1. Visualizar. Imagina que has alcanzado tu meta. Vive esa sensación como si ya hubieras alcanzado el éxito e interiorízala, hazla parte de ti.

2. Afirmar. Proclámate afirmaciones fuertes, frases positivas que te dices a ti mismo y las crees, como por ejemplo:
    A. Personal: yo me gusto
    B. Positiva: yo soy feliz
    C. Presente: hago muy bien…

3. Verbalizar. La verbalización de afirmaciones en voz alta incrementa en 80% el impacto al hacerlo. Refuérzate con ánimos constantes.

4. Ponerse en el papel. Actúa ya como si fueras la persona que deseas ser.

ANOTACIONES

3

CONOCE EL MERCADO

Si viajas sin rumbo, te perderás

«No hay viento favorable para el barco que no sabe adónde va»
—Séneca

El error más habitual de los músicos, cuando comienzan sus estudios, es que no conocen todas las posibilidades que la música les ofrece como forma de vida. Incluso, a veces, el problema consiste en no valorar las oportunidades que te ofrece salir de tu pueblo, ciudad o comunidad.

Muchos alumnos míos encontraron buenos trabajos tanto en España como en el extranjero. Para ayudarte a elegir tu camino, voy a describirte algunas de las muchas posibilidades que te ofrece la música para que elijas la que más te conviene y puedas desarrollar una carrera satisfactoria.

1. Enseñanza musical. Esta es una de las prácticas más habituales. Si tienes formación y titulación académica, puedes ejercer la docencia, tanto en el ámbito público, como en el privado:

A. *En el sector público* hay dos opciones básicas: presentarte a oposiciones o a las bolsas de interinos que anualmente necesitan profesores para cubrir las plazas que no se han cubierto por los profesores titulares de los conservatorios.

B. *En el sector privado*, tienes que darte a conocer a las academias (hablaremos de esto más tarde), para que te contraten como profesor. Por tu cuenta puedes también impartir clases privadas, bien en tu casa o local, crear tu propia academia o instituto, o impartir clases a domicilio.

2. Concursos. Si eres un gran instrumentista, cantante o artista, este es un buen método para darse a conocer. Incluso puedes ganar mucho dinero si el concurso es muy prestigioso. Actualmente en las TV hay muchos programas que consisten en concursos muy variados y que han llevado a la fama a artistas muy importantes.

3. Concertista. La participación en los concursos o premios, sobre todo de música clásica, conlleva la posibilidad de ganarse un prestigio suficiente para poder establecer tu carrera como solista de concierto. Este es quizás uno de los más difíciles medios, puesto que exige un alto y exclusivo nivel musical. También ofrece unos altos niveles de ingresos.

4. Maestro repertorista. Esta es una opción muy desconocida, pero muy interesante. Si tocas bien el piano, y lees bien a primera vista, es un puesto muy atractivo. Los teatros que producen espectáculos suelen necesitar este tipo de profesionales. También están muy cotizados como asistentes de directores de orquesta. Normalmente suelen acabar dirigiendo orquestas por diversas partes del mundo.

5. Músico de "piano Bar". Hay multitud de sitios que requieren actuaciones amenizando un salón o creando ambiente. Los cruceros suelen contratar pequeños grupos a tal efecto durante temporadas completas. Determinados

Hoteles y Restaurantes también contratan pianistas o grupos diversos para amenizar veladas de sus clientes. Yo tengo amigos que viven 6 meses trabajando y el resto del año disfrutan de un maravilloso tiempo libre.

6. Músico de sesión. Muchos estudios, sobre todo los más prestigiosos, utilizan para sus producciones y grabaciones músicos especialistas. Requiere una gran experiencia, una gran capacidad de tocar a primera vista; es decir, casi sin ensayo, y mucha capacidad de improvisación. Suelen tener la suficiente flexibilidad para adecuarse a los requerimientos de un productor musical. Ahorran mucho tiempo y dinero en la producción de las grabaciones, además de ofrecer una altísima calidad interpretativa. Por esta razón su trabajo está muy bien remunerado y gozan de un gran prestigio en el sector.

7. Crea tu propio grupo. Puede ser que seas un amante de algún estilo musical concreto. Entonces una buena idea puede ser crear tu propio grupo o banda. Luego hablaremos de las estrategias para presentarlo con éxito. Antes deberías conocer lo que hay en el mercado para saber quiénes y cómo son tus competidores. En este apartado no sólo es importante el nivel musical, sino otros factores artísticos de los que hablaremos en el siguiente capítulo.

8. Actuar como representante. Muchos grupos o bandas necesitan agentes, para que desarrollen la necesaria labor de marketing y venta de sus conciertos. Si te gusta la música y la venta, puede ser una gran manera de ganarse la vida con la música. El éxito de grandes artistas y grupos ha sido producido por el gran talento de sus representantes.

9. Construye tu propio estudio de grabación. Si te gusta la producción musical, puedes hacer mucho dinero generando proyectos desde tu estudio. Estas son algunas de las posibilidades:

A. Jingles. Son pequeños cortes de audio de 20" 30" ó 1´ que se utilizan en radio o TV sonorizando un determinado anuncio o Spot.

B. Música multimedia. Es la que se pone en una página de internet o en DVD divulgativos, CDs interactivos de empresas. La música del video de una boda. Incluso te pueden contratar para poner la banda sonora de videojuegos.

C. Producción de CDs propios o de otros grupos

D. Cursos de producción musical. Esta última es una interesante opción, puesto que hay pocos centros educativos dedicados a esta enseñanza.

10. Dirección de Orquesta y/o Coros. La labor de un director de orquesta suele ser bastante desconocida en nuestra sociedad, pero muy prestigiosa. El camino para convertirse en director es largo y difícil. Conviene saber lo antes posible que te vas a dedicar a ello, porque es mucho más fácil aprovechar los estudios musicales iniciales en pro de esa meta. Es recomendable estudiar en los Conservatorios, Universidades y Escuelas más prestigiosas del mundo, para asegurarse un futuro prometedor como director de una orquesta importante o una prestigiosa sala de conciertos.

11. Composición. La imagen de un compositor es muy variada y muy desdibujada actualmente. De hecho llamamos igualmente compositor al escritor de una canción Pop, y al autor de una gran ópera. Dicho lo cual, la preparación que se requiere es muy variada según el objetivo; pero los ingresos no hacen distinción entre las diversas "formas" de composición. El compositor de un tema Rock puede ganar mucho más dinero que el compositor del último musical estrenado en Broadway. Ello no va a depender de las calidades sino del éxito de su difusión. Estas son las posibilidades de trabajo para un compositor que ha completado sus estudios en un conservatorio:

A. Arreglista. Se puede dedicar a hacer los arreglos de los temas de un grupo o banda. También puede colaborar con un estudio de grabación o formar parte de él.

B. Orquestador. En la música de cine el tiempo es un factor crucial. Los compositores no suelen tener tiempo para componer y orquestar. Suelen colaborar entonces con otros compositores que les hacen las orquestaciones a la par que la composición.

C. Compositor. Con un poco de suerte, puedes ser tú quién Componga la banda sonora de una película. También te pueden contratar para componer Óperas, Musicales, Sinfonías, o vender tus propias obras tanto en disco como en concierto o por internet.

D. Productor. Un buen ejemplo es Quincy Jones. Además de compositor, arreglista, cantante, trompetista y pianista, fue el productor musical de los álbumes más exitosos de toda una leyenda: Michael Jackson.

En la industria musical un productor discográfico se encarga de controlar las sesiones de grabación, asesora a los intérpretes musicales en el proceso de grabación, supervisa el proyecto, dirige la creatividad, supervisa la grabación, la mezcla, y realiza el proceso de masterización.

ANOTACIONES
¿HACIA DÓNDE SE INCLINAN MIS PREFERENCIAS?

4

CREA TU MARCA

Utiliza tu creatividad y la imaginación.
Nadie contrata lo que no conoce

"La buena publicidad vende el producto hoy, y construye la marca para mañana". –Luis Bassat

Este capítulo se encuentra justo en el centro de los 7 secretos. Sin ella no harás nada que te conduzca a algo consistente. Uno de los grandes errores que cometen mis alumnos es creer que alguien va a venir a lanzarlos. Esto podía ser cierto hace años, cuando todavía tenían fuerza las compañías discográficas. Ahora no es así. Incluso las grandes compañías buscan marcas ya construidas y listas para dar beneficios. Veremos más adelante la fuerza de la persistencia. Ahora me voy a centrar en explicarte el secreto más importante para tu éxito: Construir tu **propia marca**.

Antes veamos qué es una marca. Una marca, da igual que hablemos de productos, empresas o artistas, consiste en una colección de sensaciones o percepciones que se establecen en la mente de un receptor. Este receptor puede llamarse cliente, seguidor, fan, simpatizante, admirador… es, en definitiva, quien va a consumir tu música, asistir a tus conciertos, o comprar tus CDs. Y lo va a hacer en función del poder de tu marca.

Esta marca no consiste sólo en un símbolo, como muchas personas piensan. El símbolo es la representación gráfica de lo que tu marca ha creado en la mente de tus seguidores en forma de experiencia. Esta experiencia genera una **reputación** que finaliza en una legión de seguidores.

Cada persona tiene unas cualidades como marca individual. Estas pueden ser diversas: belleza, buena voz, fortaleza física, atractivo social. Sólo tú puedes conocer cuáles son tus auténticas fortalezas. Ahora bien, la clave es: lo que te hace **diferente.**

Piensa en cualquier artista con gran prestigio. Verás que tiene cualidades que le destacan por encima de los demás, que le **distinguen**. En esos aspectos has de centrarte para crear tu marca. ¿Qué te puede distinguir de los demás? ¿Cómo presentarlo de forma diferente? Tu objetivo en este momento es encontrar tu propia identidad, tu imagen, tu marca. Nadie puede ser como tú. Tampoco pretendas ser como nadie, porque no va a funcionar. Piensa en cuán distintos eran los Rolling Stones de los Beatles. Bruce Springsteen de Julio Iglesias… Cuando ya hayas diseñado tu poderosa marca, es el momento de impulsarla lo más lejos posible con el **Marketing**.

5

TOMA IMPULSO CON EL MARKETING

Necesitas un plan

La cuestión no es si es posible hacerlo. Hoy la pregunta clave es: ¿Te decidirás a hacerlo? —Seth Godin

¿Por qué? Tu carrera como artista o profesional dependerá de tu marca como ya vimos en el capítulo anterior. Sin embargo, si no te conocen tus potenciales seguidores, no irá nadie a tus conciertos, ni comprará tus discos, ni te pagará para hacer la banda sonora de una película. ¿Cómo van a conocerte? Ahí entra en juego tu **propio plan estratégico de Marketing.**

Esto es lo que hará por ti un buen plan de Marketing:

1. Darte a conocer para impulsar tu carrera.
2. Mejorar tu reputación.
3. Difundir tu marca.
4. Ampliar tu radio de acción.
5. Obtener y aumentar tus beneficios.

Trabajar estos puntos dará mejores resultados a tu carrera y te generará ingresos. Tu credibilidad aumentará y al tener mayor reputación tendrás mayor confianza para seguir creciendo en tu proyecto.

¿Cómo lo vas a hacer?
5.1 Darte a conocer para impulsar tu carrera.

A. Prepararse, ser un profesional. De esto hablamos en los capítulos 1 y 2. Se trata de desarrollar todas las habilidades que necesitas para el objetivo que te marcaste. Puede ser tocar un instrumento, cantar, componer. Para ello ya habrás observado el mercado y analizado que puedes ofrecer tu mejor que otros. Estás aprovechando al máximo tu tiempo y diseñando seriamente tu marca. No puedes darte a conocer si no estás capacitado para ofrecer una buena imagen a tu público.

B. Construye tu audiencia. Al principio, no tendrás experiencia previa. Entonces podrás ofrecer tus servicios "gratis" o en forma de promoción para darte a conocer. Recolecta en la medida de lo posible información sobre ti que aparezca en los medios. Utiliza las redes sociales para promocionarte. Ofrécete a las radios o tv locales para presentar tus trabajos. Puedes ofrecer charlas o pequeñas sesiones gratuitas al principio. También puedes escribir artículos en donde te das a conocer.

5.2 Mejorar tu reputación.

A. A medida que vas presentando tu actividad desarrolla tu imagen con una buena actitud y sembrando un pensamiento positivo sobre ti.

B. Sé honesto siempre y reconoce tus errores para ir mejorando tanto tu marca como tus actividades.

C. Deja que hablen de ti. Tú no debes ensalzarte

ni menospreciarte. Siempre que actúes pide referencias y regístralas para el futuro.

5.3 Difundir tu marca.

Después de haber hecho un rodaje durante un tiempo, haber mejorado tus proyectos, pulido tu imagen y recogido buenas referencias, es el momento de lanzarte al mercado. Sigue estos pasos:

I. Nº 1 en tu área. Trata de establecerte como una persona destacada dentro de tu entorno. Puede ser como concertista especializado, el mejor grupo de Rock de tu ciudad etc. Sobre todo, tendrás que diferenciarte, para que los fans, seguidores etc. Te sigan y te compren a ti en vez de a los demás artistas similares.

II. Promuévete.

o Crea un blog en internet donde hables de tus actividades.

o Propón a una radio o televisión un programa donde hables de tu área.

o Crea un buen "look" y demo de tu actividad.

o Presenta una buena página de Facebook en donde proyectes **lo mejor** de tus actividades.

o Cuando tengas alguna actuación, emite una nota de prensa a todos los medios de comunicación locales (en principio, más adelante, será a nivel nacional e internacional, según vayas evolucionando).

o Es importante que cuentes con profesionales para esto. Piensa que lo que hagas no debe dar una imagen pobre de ti (de principiante o aficionado).

o Una opción, al principio, puede ser intercambiar servicios con otros profesionales, hasta que tengas presupuesto para contratarles directamente.

5.4 Amplía tu radio de acción.

Una vez asentado en tu entorno natural es cuando tienes que dar el salto a buscar horizontes más lejanos, creando campañas de prospección. Es decir, aumentar el número de personas que te siguen.

Lo más recomendable es mezclar campañas de Marketing directo **(Off-line)** con las redes sociales **(On-Line)**. Esto significa darte a conocer con publicidad, informando, repartiendo folletos tuyos etc…

Veamos cómo y a quién:
Marketing directo

1) Mercado natural (Off-line).
Amigos.
Familiares.
Compañeros de trabajo.
Compañeros de colegio, universidad.
La iglesia o congregación que frecuentes.

2) Listados (Off-line).
Páginas amarillas.
Directorios.
Revistas.
Periódicos.
Listados de compañías.

3) Segmentos.

De nicho: colegios, asociaciones...

Geográfico: actúa en círculos concéntricos, tu área, luego la ciudad, la región, el país…

4) Centros de influencia.

Cámaras de comercio.

Asociaciones.

Grupos profesionales.

Ferias.

Exhibiciones.

5) Marketing On line.

Campaña en Twitter, sitio web, Facebook, Instagram.

5.5 Obtener y aumentar tus beneficios.

Uno de los grandes errores de los músicos, en general, es creer que sólo se vive del arte. Esto es falso totalmente. Cualquier profesión que se desempeña tiene sus salarios. No sé por qué los músicos tienen que vivir del aire. Para poder vivir de la música necesitamos dinero, así de simple. Hay que pagar muchas cosas para vivir cada día, la comida, la casa, los colegios de los hijos y un sinfín de gastos que ya conoces de sobra. Por eso tenemos que vender con la estrategia que hemos mencionado en los puntos anteriores.

Tienes que ser estricto llevando tu "pequeña" contabilidad al principio. Y, sobre todo, **saber venderte.**

ANOTACIONES
TU PLAN DE MARKETING...

6

APRENDE A VENDERTE

Desarrolla y mantén una actitud mental positiva
para tu "negocio"

El principal error de algunos músicos consiste en tener un concepto equivocado de su profesión. Nadie se suele sorprender si el carnicero le cobra por los filetes que le compra. El arquitecto pasa la factura por sus proyectos, el médico, cuando vas a su consulta, también percibe su salario. ¿Por qué el músico tiene que trabajar "gratis"?

6.1 Arte y negocio.

Debido a su faceta artística muy influenciada por herencias románticas y bohemias, el artista músico se dedica a cultivar su arte. En la actualidad ya no aparecen los mecenas que, en la antigüedad apoyaban y sostenían a los artistas en general. El mercado de este siglo ha cambiado y, por tanto, el músico también tiene que cambiar. Tiene que dominar tanto su arte como su **"negocio"**. De no hacerlo así, simplemente se morirá de hambre. Te voy a dar aquí unos pasos que deberás dar con firmeza para poder hacer tu música rentable y poder vivir de ella.

Tendrás que tener a alguien que te venda o venderte tú mismo. Si no estás dispuesto a considerar los dos aspectos, olvídate de vivir de la música.

6.1.1 Traza una estrategia de Marketing.

Es muy sencillo, el negocio de la música no depende de ti. Ya sé que esto suena extraño y duro, pero es así. Me explicaré: tu éxito depende de lo que tú seas capaz de crear en tus seguidores. Si los emocionas, te seguirán no porque seas "muy bueno", sino porque los "conquistes" o los sorprendas.

Veamos el caso del grupo argentino "Les Luthiers" (Premio Princesa de Asturias de Comunicación y Humanidades 2017) su éxito se debió gracias a que se apartaron de un concepto clásico de la música, pero no de la música clásica. Empezaron reuniéndose tras los ensayos de su grupo coral para preparar bromas musicales que presentarían como entreactos al principio. Posteriormente fueron ampliando sus espectáculos hasta ser mundialmente reconocidos con numerosos premios a lo largo de su carrera.

La clave de su éxito: tener una estrategia que les **diferenciaba** de los demás.

6.1.2 La Clave.

Tienes que asumir que para llegar a tu público/cliente debes conocer con detalle cuáles son sus deseos, gustos y preferencias. Sólo así podrás ofrecerle lo que **"le interesa"**. Tu público/cliente compra lo que le interesa a él, no lo que te interesa a ti. Por eso, cuando prepares un disco, espectáculo o actuación, hazlo pensando en él.

6.1.3 Mide tus resultados y actúa en base a ellos.

Ahora sabes qué tienes que hacer. ¡Empieza! No esperes a ser el mejor del mundo. Comenzarás, y casi seguro que no vas a tener un gran éxito al principio. Es normal. Simplemente mide cómo te salió. Analiza lo que puedes mejorar, que es lo que más gustó, lo que no. Pregunta y ponte en el lugar   de la gente. Toma nota de todo lo que te digan. ¿Conseguiste sorprender? ¿Los precios eran razonables? ¿Hiciste una buena propaganda?   Quizás el día elegido no fue bueno, porque coincidió con un gran partido de fútbol y no tuviste demasiado público. ¿Hicisteis los ensayos suficientes? ¿Qué cosas fallaron? Ahora a mejorar…

EL MUNDO se está
moviendo TAN DEPRISA,
que mientras hay
una marca que dice
"esto NO SE PUEDE
hacer" otra ya lo
ESTÁ HACIENDO

ANOTACIONES

TUS PUNTOS FUERTES PARA VENDERTE...

7

PERSISTE
La clave del éxito

Si has comenzado tal y como hemos ido comentando a lo largo de este libro, el único responsable de tu éxito serás tú. Tienes que marcarte una meta y ser perseverante. La persistencia es el secreto. Podrás cometer errores, pero recuerda que todos cometemos errores. La diferencia entre las personas triunfadoras y el resto está en que aquellas siguen hasta el final. Incluso después de muertos algunas personas lograron alcanzar la celebridad.

Te voy a contar los 5 errores que puedes cometer pero que deberás subsanar y seguir adelante.

7.1. No depender sólo de ti mismo.

Habitualmente dejamos que sea otra persona la que maneje nuestro destino. Puedes contar con colaboradores, pero no debes dejar el control en manos de quien no te conoce tanto como tú mismo. Has de saber lo que te construye, lo que te apasiona, lo mejor que puedes dar y cómo quieres hacerlo.

7.2. No tener una estrategia.

Tendrás que diseñarte tu propio camino. No te vale con aprender un instrumento y ya está. Conozco muchos alumnos que tocaron maravillosamente el piano o el violín durante su carrera y no se dedican a la música, entre otras cosas, porque no supieron aplicar sus conocimientos en ninguna dirección. Piensa que no van a ir a tu casa a decirte que te hagas concertista o estrella del Rock. Tendrás que decidir qué quieres hacer y cómo (tal y como vimos en los capítulos 4 y 5).

7.3. No valorarte.

Las cosas salen mal, ya está. Los investigadores emplean mucho tiempo y dinero probando medicamentos, técnicas, equipos, estrategias… Según los aciertos o errores se encuentran caminos o se descartan. Obtienen el éxito, porque **siguen adelante**.

Diste un concierto, probablemente no salió bien. ¡Perfecto! Analiza qué es lo que salió mal. El error es culpabilizarte, frustrarte. Evita sentimientos autodestructivos como: "es que no valgo" o "me tienen manía", o "no me aprecian". Con ello no vas a mejorar.

Eres bueno. Confía en ti. No hay más. El siguiente paso es demostrarlo. A Steve Jobs le echaron de su la empresa que él había creado. ¿Se fue a llorar amargamente? No. Montó una nueva empresa y les demostró quiénes estaban equivocados. Terminaron llamándole de nuevo para liderar una de las mejores compañías de la historia APPLE. Si tienes que mejorar tocando, estudia más. Si puedes mejorar tus presentaciones o tu puesta en escena, hazlo, cuenta con gente que te pueda asesorar.

7.4. No analizar tus objetivos.

Es uno de los mayores errores que cometemos los músicos. Tienes que adecuar tus acciones, tus precios, tus expectativas, tus resultados a la realidad que te rodea. Si estas empezando no puedes pedir que te contraten por un millón de euros. Imagina que vas a amenizar la ceremonia de una boda. El precio dependerá del nivel económico de los novios. No les digas el precio antes de hablar con ellos. Haz preguntas y llega a un acuerdo. Hay quien pierde muchas actuaciones porque fija el caché previamente sin analizar las circunstancias.

7.5. Confundir tu objetivo.

El mundo de la música es muy variado como hemos visto en capítulos anteriores. Se sustenta básicamente sobre dos áreas: La noche y la diversión. Ello unido a la presión que supone el "liderazgo del artista" coloca al músico en un peligro emocional que quiero analizar aquí para evitar que el ambiente musical te destruya.

Casos como Amy Winehouse o Whitney Houston son ejemplos de los peligros que acechan a los músicos. Estas dos grandes artistas, por ejemplo, murieron a causa de las drogas. El mundo de la noche está asociado a excesos, sexo, alcohol, drogas, sobretodo en áreas concretas como el pop o el rock. Muy a menudo el trabajo musical se desenvuelve en bares, discotecas, salas nocturnas, casinos, pubs... lugares en los que resulta fácil "seguir la corriente" y acabar fumando, emborrachándose, o tomando drogas de todo tipo. Por otro lado, la imagen atractiva o de transgresor que se adopta en el escenario te envuelve de un sentimiento de "ser superior", sobre todo cuando se va teniendo éxito que te hace olvidarte de las claves de tu profesión: trabajar, practicar, mejorar, superarte cada día para que tus proyectos sean cada vez superiores, más atractivos para tu público. Esta actitud de olvido pronto te autodestruirá porque te alejará de tu verdadero objetivo: tu mejora constante como músico.

Define pues claramente tu objetivo profesional, aparta todo aquello que te impida acercarte cada día más a él y persiste hasta que lo veas cumplido.

Recuerda siempre: *Qui resistit, vincit*

Esta frase del poeta **Aulo Persio Flaco** resume claramente el secreto mejor guardado del éxito: *Resiste y vencerás*.

ANOTACIONES
TUS CLAVES DEL ÉXITO...

100th Anniversary
Thank
you

AGRADECIMIENTOS

En primer lugar, gracias a María José, mi esposa, mis hijos Carlos y José María y mi hermano Pedro Vicente, por todo el cariño que recibí de ellos, sobre todo en los momentos difíciles. Un inmenso gracias a José María Martínez por ayudarme siempre como director, persona y amigo. A él le debo también la revisión de este libro.

Gracias también a:

Ángel Teruel por abrirme la mente a un mundo distinto, lleno de oportunidades. Ángel Cosgaya por animarme a estudiar música. Mis profesores de solfeo Juan Pedro Ropero y Rafael Campos por enseñarme la profesionalidad. Juan Jesús Olmedo por su ejemplo de entrega y dedicación y darme la oportunidad de prepararme en su orquesta. Mis amigos Ángel Cabezuelo, Francisco Doctor y Pablo Antón por estar siempre ahí apoyándome. Mi profesora de guitarra Mª Luisa Benito por creer en mí en un momento crítico. Mi Maestro Manuel Moreno Buendía por empujarme a la composición. Mi Maestro José María Benavente por hacerme profesor de Armonía. Mi Maestro Román Alís por descubrirme los secretos de la composición. Mi amiga Lourdes Fernández por apoyar siempre mi composición. Mis compañeras Ana Rosa Reyes y Carmen Escorihuela por sus siempre interesantes sugerencias. A todos mis alumnos, de quienes aprendo cada día…

JUAN CARLOS CASIMIRO

Juan Carlos Casimiro (Madrid, 1961), es compositor y Jefe del Departamento de Composición del Conservatorio Profesional de Música de Gijón (Asturias, España).

Las obras sinfónicas y las bandas sonoras son los referentes más importantes de su trayectoria, algunas de las cuales han sido editadas. La mayoría han sido estrenadas. La obra *"Asturias, Sinfonía Natural"* ha sido recientemente editada en CD y está a la venta en comercios y plataformas de discos on line.

"Asturias, Sinfonía Natural" es también el título del espectáculo sinfónico estrenado el 9 de Agosto de 2014 en el Teatro de Laboral Ciudad de la Cultura de Gijón, con gran éxito tanto de público, que ovacionó la obra con diez minutos de aplausos, como de crítica.

Entre sus obras más destacadas se incluyen también *"Tríptico asturiano"*, *"El sol de las brujas"*, *"Danza prima"*, *"Somiedo"* o su ópera *"Saelia"*. Forma parte del proyecto cultural y musical Fase Cuatro.

Ha compuesto la banda sonora de cortometrajes como *"...y del hijo"*, *"El corazón delator"* o *"Tin y Tina"*, así como para spots televisivos. Además, realiza innumerables arreglos musicales para obras de diferentes estilos.

⬇ FORMACIÓN

Juan Carlos Casimiro abandonó su trayectoria como ingeniero a los 24 años para dedicarse a su vocación musical. Comenzó sus estudios de música en la Escuela Joaquín Rodrigo de Aranjuez de Madrid en 1983 y en solo 7 años obtuvo la plaza de Profesor en el Conservatorio de Gijón.

Después de Aranjuez, continuó sus estudios en el Real Conservatorio Superior de Música de Madrid, obteniendo el título de profesor de guitarra en 1991.

Amplió su formación en la Berklee School of Boston realizando los cursos *"Film scoring"*, *"Style writing"*, *"Web Design for Musicians"*, *"Producing music with Sonar"* y *"Orchestration 1 and 2"*.

En 1992 obtuvo la plaza de profesor de armonía y melodía en el Conservatorio Profesional de Música de Gijón (Asturias, España) mediante el concurso oposición. En 2007 fue nombrado jefe del departamento.

También es profesor Superior de solfeo, teoría de la música, transposición y acompañamiento, armonía, contrapunto y fuga y composición e instrumentación.

Juan Carlos Casimiro ha sido galardonado con el Premio Extraordinario de Composición del Conservatorio Arturo Soria de Madrid en 1997. En 1991 recibió la mención de honor en Armonía y melodía acompañada.

Desde el año 2001 amplió los registros de sus composiciones al mundo del cine y la producción audiovisual.

PREMIOS

Con el cortometraje "Nerón" (2017). Premio Mejor cortometraje Barcelona-Visualsound Film Festival, Spain. Categoría de Ficción.

Con el cortometraje "Tin y Tina" (2013). (entre más de 170 nominaciones)
Premio Mejor cortometraje Sirius Film Festival, U.K. (12/2014)
Premio Mejor cortometraje Zinema Zombie Festival, Colombia (11/2014)
Premio Mejor cortometraje Terror Fest International Film Festival, Perú (10/2014
Premio Mejor cortometraje Cortonogara International Film Festival, Italy (10/2014)
Premio Mejor cortometraje Regiofun International Film Festival, Poland (10/2014)
Premio Meliés de Plata Europeo Lund International Fantastik Film Festival, Sweden (09/2014)
Premio Mejor cortometraje Monteria International Film Festival, Colombia (06/2014)
Premio Premio Lenzing de plata Festival of Nations, Austria (06/2014)
Premio Mejor cortometraje, Mostra de Cinema Jove D'Elx, Spain (05/2014)
Premio del Público Alcantarilla Film Festival, España (01/2014).
Mención Especial del Jurado en Black&White Oporto Film Festival, Portugal (5/2013)
Premio del Público en Cortópolis Madrid International Film Festival, España (6/2013)

Premio "Mejor Cortometraje" en El Pecado Short Film Festival, España (8/2013)
Mención Especial del Jurado en Monterrey International Film Festival, México (8/2013)
Premio "Mejor Corto Internacional & Mejor Director" en el Lanterna International Film Festival, México (9/2013)
Premio "Mejor cortometraje (Jurado Joven)" en elFestival de Courts Métrages de la Côte Bleue, France (10/2013).

Con el cortometraje "EL CORAZÓN DELATOR" de Alfonso S. Suárez se obtuvieron los siguientes premios y galardones (entre otros):
Premio "Mejor Cortometraje" en el FESTIVAL INTERNACIONAL DE CINE DE MÁNCHESTER 2001.
Premio "Mejor Cortometraje" en la SEMANA INTERNACIONAL DE CINE FANTÁSTICO DE ESTEPONA 2001.
Premio "Mejor Cortometraje" en el CERTAMEN DE CORTOMETRAJES DE LEIOA 2001.

Con el cortometraje "... Y DEL HIJO" de Alfonso S. Suárez. Se obtuvieron los siguientes premios y galardones (entre otros):
Premio "Mejor Cortometraje de Ficción" en el FESTIVAL INTERNACIONAL DE CINE DE GANDÍA "MÍNIMA 01".
Premio "Mejor Cortometraje" en el FESTIVAL INTERNACIONAL DE CINE INÉDITO DE ISLANTILLA 2001.
"Premio Nacional" en el III CONCURSO DE VIDEO-

CORTOS VILLA DE BOLAÑOS (Ciudad Real).
Premio "Mejor Cortometraje en vídeo" en el FESTIVAL
DE CINE DE CAMBRILS 2002.
"Premio Especial del Jurado" en el FESTIVAL INTER-
NACIONAL DE LAS ISLAS BALEARES 2002.

PRIMER PREMIO en el III Certamen de Vídeo Lu-
mière de Huétor Vega a "LA MEJOR BANDA SONO-
RA" por "...Y del hijo", de Alfonso S. Suárez.

Descubre y comenta este libro en las redes sociales:
Facebook.com/ Juan Carlos Casimiro
Twitter : @Casimiromusic

 Juan Carlos Casimiro

 @Casimiromusic

 Juan Carlos Casimiro

 www.casimiromusic.com